AF324790

DECLARATION DV ROY,

Portant defenses à toutes personnes d'exposer, ni receuoir aucunes especes d'or & d'argent, tant de France qu'Estrangeres, à plus haut prix que celuy porté par la Declaration de sa Majesté du 25. Iuin dernier.

Leuë, publiée, & registrée en la Cour des Monnoyes le 7. Ianuier 1637.

A PARIS,

Chez SEBASTIEN CRAMOISY, Imprimeur ordinaire du Roy, & és Monnoyes, ruë S. Iacques, aux Cicognes.

M. DC. XXXVII.

AVEC PRIVILEGE DV ROY.

L OVIS par la grace de Dieu Roy de France, & de Nauarre, A tous ceux qui ces presentes Lettres verront, Salut. LES grands abus qui se commettoient depuis quelques années dans nostre Royaume, en l'exposition de toutes sortes de monnoyes de France & Estrangeres, à beaucoup plus haut prix qu'elles ne vallent; Nous ayant obligé d'en augmenter la valeur, & d'en permettre le cours aux prix portez par nos Lettres de Declaration du vingt-cinquiéme Iuin dernier, publiées & registrées en nostre Cour des

A

Monnoyes le vingt - huictiéme
dudit mois; en intention toutes-
fois de les remettre à leurs an-
ciens prix & iuste valeur, aussi-
tost que l'estat de nos affaires le
pourroit permettre, & par ce
moyé arrester lesdits abus: Neant-
moins estans aduertis que non
seulement ils continuent, mais
s'augmentent de iour à autre, en
telle sorte qu'en plusieurs Pro-
uinces de nostre Royaume le
Quart - d'escu s'expose iusques à
vingt-vn sols, & la Pistole d'Es-
pagne à dix liures quatre sols, &
dix liures cinq sols; & les autres
monnoyes d'or & d'argent à pro-
portion: Mesmes des bruits qui
courent de l'augmentation du
prix desdites monnoyes au pre-
mier iour de Ianuier prochain. A
quoy voulant pouruoir & faire

connoiſtre ſur ce noſtre intention à tous nos Sujets. A C E S
C A V S E S, de l'aduis de noſtre Con-
ſeil, où eſtoient aucuns Princes,
& autres grands & notables Per-
ſonnages, & de noſtre certaine
ſcience, pleine puiſſance, & au-
thorité Royale, Nous auons dit
& declaré, diſons & declarons par
ces preſentes, que noſtre intention
n'eſt, & n'a point eſté, d'augmenter les prix des eſpeces tant d'or
que d'argent portées par noſtre
Declaration du vingt-cinquiéme
Iuin dernier : mais bien de les reduire à leur iuſte & ancienne valeur incontinent & au pluſtoſt
que faire ſe pourra. Ce qu'atten-
dant & que nos affaires nous
puiſſent permettre de faire vn bon
& aſſeuré Reglement ſur le faiĉt
deſdites Monnoyes, nous auons

encore permis & permettons par
prouision seulement, le cours des
Especes mentionnées en nostre-
dite Declaration du vingt-cinquiéme Iuin dernier, aux prix portez par icelle. FAISANT tres-expresses inhibitions & defenses à
toutes personnes de quelque qualité qu'elles puissent estre, d'exposer ny receuoir aucunes especes d'or & d'argent tant de
France, qu'Estrangeres, à plus haut
prix que celuy porté par nostre-
dite Declaration, à peine de con-
fiscation des especes exposées ou
receuës, de l'amende du quadru-
ple de la valeur d'icelles pour la
premiere fois ; de punition cor-
porelle pour la seconde, tant contre l'exposant que contre celuy
qui les aura receuës : Desquelles
amendes le tiers appartiendra aux

denonciateurs ; à faire lesquelles denonciations seront receuës
non seulement toutes personnes,
mais encore ceux qui exposeront
ou receuront lesdites monnoyes
à plus haut prix; moyennant quoy
nous les auons déchargez desdites amendes , & autres peines cy-
dessus. Si donnons en man-
dement à nos amez & feaux Con-
seillers les Gens tenans nostre
Cour des Monnoyes à Paris, que
ces presentes ils fassent lire , pu-
blier , & regiftrer , le contenu en
icelles exactement garder & ob-
seruer , tant en cette ville de Paris , que autres villes & lieux de
ce Royaume, selon leur forme &
teneur, sans permettre ny souffrir
qu'il y soit contreuenu. Et à ce faire
souffrir & obeyr , contraignant ,
ou faisant contraindre toutes per-

fonnes de quelque eſtat, qualité ou condition qu'elles puiſſent eſtre; meſmes d'informer, ou faire informer par les Commiſſaires qui ſeront par eux deputez, ou par les Generaux Prouinciaux, & Gardes deſdites Monnoyes, des contrauentions à ces preſentes, & faire punir les coulpables: Le tout nonobſtant oppoſitions ou appellations faites ou à faire, pour leſquelles ne voulons l'execution des preſentes eſtre ſurciſe ny differée en quelque maniere que ce ſoit; & dont ſi aucunes interuiennent, nous en auons entant que beſoin eſt ou ſeroit, attribué la connoiſſance à noſtredite Cour des Monnoyes; & icelle interdite & interdiſons à toutes nos Cours de Parlement, Baillifs, Seneſchaux, & autres Iuges. EN TESMOIN dequoy

dequoy nous auons fait mettre noſtre Seel à ceſdites preſentes, aux coppies deſquelles collationnées par vn de nos amez & feaux Conſeillers & Secretaires, foy ſera adiouſtée comme à l'original. CAR tel eſt noſtre plaiſir. DONNÉ à Sainct Germain en Laye le vingt-neufiéme iour de Decembre, l'an de grace mil ſix cens trente ſix, & de noſtre Regne le vingt-ſeptiéme. Signé, LOVIS. Et ſur le reply. Par le Roy, DELOMENIE, & ſeellé du grand Sceau ſur double queuë de cire iaulne. Et ſur ledit reply eſt encore eſcrit,

Leuës, publiées, & regiſtrées és Regiſtres de la Cour des Monnoyes, ouy & ce requerant le Procureur general du Roy, pour eſtre executées, & obſeruées ſelon leur forme & teneur. Fait ce ſeptiéme Ianuier mil ſix cens trête ſept. Signé, DELAISTRE.

EXTRAIT DES REGISTRES
de la Cour des Monnoyes.

VEV par la Cour les Let-
tres patentes du Roy, en
forme de Declaration, don-
nées à S. Germain en Laye
le vingt-neufiesme iour de Decembre
dernier passé, signées LOVIS, & sur
le reply, Par le Roy, DELOMENIE,
& seellées de cire iaune du grand seel
sur double queuë. Par lesquelles sa
Majesté auroit declaré, que son intention n'est & n'a esté d'augmenter le
prix des especes tant d'or que d'argent
porté par sa Declaration du vingt-
cinquiesme iour de Iuin dernier, mais
bien de les reduire à leur iuste & ancienne valeur, incontinent & au plus-
tost que faire se pourra : & encores

permis par prouision seulement le cours
des especes mentionnées en ladite Declaration dudit iour vingt-cinquiesme
Iuin dernier, aux prix portez par icelle: faisant tres-expresses inhibitions &
defenses à toutes personnes de quelque
qualité qu'elles puissent estre, d'exposer
ny receuoir aucunes especes d'or &
d'argent tant de France qu'Estrangeres, à plus haut prix que celuy porté
par ladite Declaration, sur les peines
y mentionnées. Ouy sur ce le Procureur General du Roy : LA COVR
a ordonné & ordonne, que sur le reply desdites Lettres sera mis, qu'elles
ont esté leuës, publiées & registrées és
Registres d'icelle, ouy & ce requerant
le Procureur General du Roy ; &
ordone qu'elles seront publiées à son de
trompe & cry public par les Carrefours & lieux publics & accoustumez
de cette ville de Paris, pour estre execu-

tées & obseruées de point en point selon leur forme & teneur : & que co-
pies collationnées par le Greffier de
ladite Cour à leur original seront en-
uoyées, aux Generaux Prouinciaux,
Iuges & Gardes des Monnoyes de ce
Royaume, pour estre pareillement leuës
& publiées, & tenir la main à l'execution & entretenement d'icelles, &
certifier la Cour de leur diligence au
mois. Faict en la Cour des Monnoyes
le septiesme iour de Ianuier mil six
cens trente-sept.

Signé,   DELAISTRE.

L'an mil six cens trente-sept, le 7. iour de
Ianuier, la Declaration du Roy contenuë cy-
dessus, a esté leuë & publiée à son de trompe & cry public aux carrefours & autres
lieux ordinaires de cette ville de Paris, en
la presence de nous Nicolas Lambert, Iacques Blondel, & Michel Rebours Huissiers
en la Cour des Monnoyes soubs-signez,
par Simon le Duc Iuré Crieur en ladite Ville, Preuosté & Vicomté de Paris, accom-
pagné de Mathurin Noiret Iuré Trompet-
te, & de deux autres Trompettes : à ce
qu'aucun n'en pretende cause d'ignorance.
Signé Lambert, Blondel, & Rebours.

Collationné aux originaux par moy Greffier en
chef en la Cour des Monnoyes, soubs-signé.